CHAMBRE SYNDICALE

DES

CHAPELIERS DÉTAILLANTS

DE PARIS

(Ancienne Commission consultative 1865)

GUIDE DU JUSTICIABLE

AU

CONSEIL DES PRUD'HOMMES

PAR

M. A. MAGNIEN,

**Vice-Président de la Chambre syndicale
des Chapeliers détaillants de Paris ;
Conseiller prud'homme de la 4ᵉ catégorie
du Conseil des Tissus.**

PARIS

IMPRIMERIE ÉDOUARD DURUY

22, Rue Dussoubs, 22

—

1898

CHAMBRE SYNDICALE

DES

CHAPELIERS DÉTAILLANTS

DE PARIS

(Ancienne Commission consultative 1865)

GUIDE DU JUSTICIABLE

AU

CONSEIL DES PRUD'HOMMES

PAR

M. A. MAGNIEN,

**Vice-Président de la Chambre syndicale
des Chapeliers détaillants de Paris;
Conseiller prud'homme de la 4ᵉ catégorie
du Conseil des Tissus.**

PARIS

IMPRIMERIE ÉDOUARD DURUY

22, Rue Dussoubs, 22

1898

Paris, le 1er *Février* 1898.

L'extension que prend chaque jour l'institution des Conseils de prud'hommes nous a suggéré l'idée de ce petit travail, contenant l'analyse succincte de la législation en vigueur dans la quatrième catégorie dont nous sommes justiciables.

Nous espérons que nos confrères voudront bien lire, avec l'intérêt qui s'y attache, les explications faisant l'objet de cet opuscule, et qui sont nécessaires pour régler, d'une façon conforme à la justice et à l'équité, les difficultés qui peuvent surgir entre les patrons et les ouvriers de notre corporation.

Il arrive trop souvent que les chefs de maison, sous prétexte d'éviter les contestations, ou simplement pour ne pas se déranger, désarment en présence d'un différend avec leurs ouvriers, quelque légitimes que soient les droits qu'ils pourraient faire valoir.

Au moment où la juridiction des Conseils des prud'-hommes est l'objet de nombreuses critiques; en présence, d'autre part, des projets de nouvelles dispositions légales tendant, au contraire, à augmenter la compétence et les attributions de cette juridiction, nous estimons que l'indifférence des patrons est coupable, en ce sens que l'impunité qu'elle assure a pour effet certain, non seulement d'encourager les mauvais procédés de leurs subordonnés, mais encore d'affaiblir au sein du Conseil l'autorité patronale au profit de la prépondérance ouvrière.

On sait que le projet de loi dont nous venons de parler a été réclamé, dès ces dernières années, par l'opinion publique et la presse, et qu'il a pour objet la création d'un code spécial, reconnu nécessaire pour réprimer certains abus et notamment ceux qui sont nés du mandat impératif imposé aux prud'-hommes ouvriers.

Il nous semble qu'il y a dans cette question, qui nous concerne tous, une raison nouvelle et essentielle de nous grouper plus étroitement en vue de la défense de nos intérêts menacés chaque jour davantage, tant au point de vue de la concurrence extérieure que de la direction intérieure de nos maisons.

Les Conseillers prud'hommes, membres de notre Chambre syndicale, seront du reste heureux de se tenir à la disposition de tous nos confrères, pour leur donner les conseils et avis qui pourraient leur être utiles (1). De son côté, uniquement soucieuse de rendre service à la corporation qu'elle représente, la *Chambre syndicale des chapeliers détaillants de Paris* est prête à faire tous les sacrifices qui sont en son pouvoir pour améliorer, dans la mesure du possible, la situation actuelle de notre commerce et pour le soutenir au cas où de nouvelles difficultés, plus meur-

---

(1) **Ont siégé** precédemment au Conseil des prud'hommes **de la Seine** : **MM.** Dida, Dupetitbosq, Pinaud, Sirugue et Stopin.

trières peut-être que les précédentes, viendraient ino-
pinément à se produire.

Aussi considère-t-elle comme un devoir de vous
réitérer aujourd'hui son désir toujours plus vif de
vous compter parmi ses adhérents.

Isolé, aujourd'hui, le commerçant ne peut rien.
Seuls, les groupements professionnels importants
sont à même de soutenir les luttes ardentes de la
concurrence et peuvent exercer en haut lieu l'influence nécessaire au triomphe de leurs revendica-
tions.

Nous vous convions donc, pour tous ces motifs
que vous apprécierez certainement, à venir à nous.

Vous reconnaîtrez, nous en sommes convaincus,
qu'il est plus que jamais nécessaire de se concerter
et de rompre enfin avec des habitudes qui ne sont
plus de notre époque, et qui consistent à laisser dire
et à laisser faire pourvu qu'on ne soit pas dérangé.

Dans ces conditions, notre Syndicat, devenu puis-
sant par le nombre, vous défendra, en faisant con-
courir la force de tous à la sauvegarde des intérêts
de chacun.

Pour la Chambre syndicale :

Le Président,

SIRUGUE.

Origines de l'institution des prud'hommes.

C'est sous le règne de Philippe-le-Bel, en 1296, que furent constitués les premiers Conseils de ce nom et, pendant près de deux siècles, Paris seul posséda des prud'hommes.

En 1791, lors de l'abolition des maîtrises ou des jurandes, ils disparurent momentanément et furent rétablis par la loi du 18 mars 1806, qui posa les bases définitives de cette institution. Cette loi ne concernait que la ville de Lyon, mais le gouvernement pouvait néanmoins établir, par un règlement d'administration publique, des Conseils de prud'-hommes dans les autres villes de fabrique. Ce n'est qu'en 1844 que Paris en fut doté, et le Conseil des tissus, dont nous faisons partie, fut créé le 9 juin 1847 par une ordonnance spéciale, complétée, ainsi qu'il est dit plus loin, par un décret du 8 mars 1890 qui en régla les dispositions actuelles.

Lois sur les Conseils de prud'hommes.

Les limites restreintes de ce petit recueil ne permettant pas la citation des textes législatifs concernant l'institution des Conseils de prud'hommes, je me bornerai à indiquer les dates auxquelles furent édictés les différentes lois et décrets, afin d'en faciliter la recherche au Bulletin des lois qui en donne l'explication :

Loi du 18 mars 1806.
Décret du 11 juin 1809.
   —   du 3 août 1810.
Loi du 27 mai 1848.
   —   6 juin 1848.

Loi du 7 août 1850.
— 1ᵉʳ juin 1853
— 22 juin 1854.
— 4 juin 1864.
— 7 février 1880.
— 23 février 1881.
— 24 novembre 1883.
— 10 décembre 1884.
Décret du 8 mars 1890.

La Commission supérieure du travail est actuellement chargée de l'examen d'un nouveau projet de loi sur la réorganisation complète des Conseils de prud'hommes, loi votée par la Chambre des députés le 17 mars 1892, mais en grande partie modifiée par le Sénat.

Composition du Conseil des tissus, déterminé par le décret du 8 mars 1890.

1ʳᵉ *categorie*. — Apprêteurs d'étoffes. — Coiffeurs. — Tisseurs.— Dessinateurs en broderie, etc. (Trois patrons, trois ouvriers.)

2ᵉ *catégorie*. — Chemisiers. — Passementiers. — Tapissiers, etc. (Trois patrons, trois ouvriers.)

3ᵉ *catégorie*. — Cordonniers. — Selliers, etc. (Trois patrons, trois ouvriers.)

4ᵉ *catégorie*. — Chapeliers. — Fleuristes. — Plumassiers, etc. (Fourreurs, Pelletiers faisaient partie antérieurement du Conseil des produits chimiques.) (Quatre patrons, quatre ouvriers.)

5e *catégorie.* — Confectionneurs. — Tailleurs, etc.
(Trois patrons, trois ouvriers.)
Total : seize conseillers patrons, seize conseillers ouvriers.

Avant la dernière réorganisation, il se composait de six catégories et de 13 patrons et de 13 ouvriers. La 4e catégorie, Chapeliers, et la 5e catégorie, Fleuristes, ont été réunies et forment la 4e catégorie actuelle.

RÉSUMÉ DES USAGES EN VERTU DESQUELS SONT RENDUS LES JUGEMENTS DU CONSEIL DES PRUD'HOMMES

Délai-Congé.

Suivant les usages généraux, les patrons et ouvriers se doivent mutuellement le mois, la quinzaine ou la semaine, suivant que l'ouvrier est au mois, à la quinzaine ou à la semaine.

Le premier mois, la première quinzaine, la première semaine, sont considérés comme temps d'essai pendant lesquels il n'est dû aucune indemnité, lors même que l'ouvrier aurait déjà été dans la même maison, s'il y a eu interruption et nouvelle rentrée.

Le congé peut être donné à toute heure de la journée et à tel jour de la semaine et du mois, sans qu'il soit besoin de tenir compte de l'époque de l'engagement ou du mode de paiement des salaires.
Toute journée commencée est due.

Le délai-congé pour la semaine est de six jours

pleins; il commence le lendemain du jour où l'on a été renvoyé.

Le paiement fixe entraîne la durée du délai-congé. Ne sont pas considérés comme paiement fixe les acomptes donnés.

____

Le paiement à la journée, même chaque soir, est considéré par le Conseil comme étant à la semaine.

____

Les ouvriers travaillant aux pièces n'ont pas droit à la semaine de délai-congé ; ils doivent l'achèvement du travail commencé ; le patron leur doit le paie-ment intégral du travail commencé s'il leur retire ce travail, à moins de manque de parole de l'ouvrier dans le temps fixé pour l'exécution ou un commen-cement de malfaçon ; ces cas sont laissés à l'appré-ciation du Conseil.

____

Le patron qui fait faire le délai-congé à un ou-vrier n'a pas le droit de le changer de travail ni d'a-telier.

____

Les deux heures par jour pour chercher de l'ou-vrage sont dues à l'ouvrier, même si c'est lui qui donne son compte ; il doit y avoir entente pour les prendre entre le patron et l'ouvrier, à l'heure qui gêne le moins le patron, mais à laquelle l'ouvrier peut se présenter dans une autre maison. Cette faveur cesse au moment où l'ouvrier a trouvé une place, et elle n'existe pas si l'ouvrier quitte la maison ayant un engagement avec une autre maison.

Les deux heures sont payées.

____

Un patron ne peut mettre un ouvrier au repos sans

qu'il y ait consentement de ce dernier; dans le cas de non-consentement, il lui doit son délai-congé.

Dans aucun cas il ne peut le renvoyer après repos sans lui payer son mois, sa quinzaine ou sa semaine, suivant les conditions de l'engagement.

Tout patron qui, verbalement, devant témoin ou par lettre, promet pour un long temps de l'ouvrage à un ouvrier et qui cesse de lui en donner sans motif sérieux, est passible de dommages et intérêts en plus du délai-congé d'usage, quand même l'ouvrier n'aurait pas été déplacé par le patron.

Le patron qui a limité le temps à un ouvrier pour faire un travail ne lui doit pas de délai-congé, quand même ce travail durerait plus d'une semaine.

Deux jours d'absence à l'atelier entraînent le remplacement, si le patron n'a pas été prévenu de la maladie. Même prévenu, si l'absence dure une semaine, l'ouvrier peut être remplacé sans indemnité. Il est préférable de l'en avertir.

Chapellerie de détail.

Au mois ou à la semaine, les sept jours seulement sont exigibles soit par le patron, soit par l'ouvrier. Aucun ouvrier n'est responsable des accidents de travail, mais, si cela est possible, il doit donner gratuitement le temps de travail nécessaire pour réparer la faute, le patron fournissant la marchandise.

Chapeaux de paille.

Les ouvriers étrangers venant en France pour travailler dans cette industrie ne reçoivent souvent que des acomptes, et le patron retient une partie des sommes gagnées par l'ouvrier s'il n'a pas achevé chez lui la saison.

Les conseillers prud'hommes de la 4ᵉ catégorie, tout en constatant les usages établis pour les ouvriers étrangers travaillant dans cette industrie, croient devoir se réserver de juger suivant les faits quand ils le pourront.

Coupeurs de poils.

Que les coupeurs de poils soient à la journée, aux pièces ou au kilo, ils ont droit à la semaine de délai-congé, le travail étant donné pour la semaine et exigeant une dissolution nécessaire au secrétage que prépare l'ouvrier à ses frais pour le travail de la semaine.

Si le patron ou l'ouvrier se préviennent le samedi, le délai-congé n'a pas lieu.

Les coupeurs mécaniciens, payés toutes les semaines bien qu'ils soient à la tâche, ont droit à la semaine de délai-congé.

Fleurs et plumes.

Le placier qui travaille aussi à l'atelier est justiciable du Conseil des prud'hommes, aussi bien pour le tant pour cent qui lui est accordé sur ses affaires que pour son salaire fixe.

Le porteur de boîtes qui ne travaille pas à l'atelier n'est pas justiciable du Conseil des prud'hommes.

Le patron ne peut invoquer la malfaçon pour le travail fait aux pièces à l'atelier, mais il peut toujours en appeler, sur cette question, pour le travail fait hors de chez lui; dans ce cas, le travail sera expertisé et le Conseil décidera du préjudice causé.

Salaires.

Quand un ouvrier demande un prix de journée que le patron accepte, ce prix lui est dû, quand même l'ouvrier ne le rapporterait pas par la somme de travail exécuté.

Le patron ne peut faire aucune retenue sur le salaire autre que les acomptes versés dans le courant de la paye fixe.

Les salaires des ouvriers ne sont saisissables que jusqu'à concurrence du dixième, quel que soit le montant de ces salaires.

Tout patron qui fait une avance en espèces ne peut se rembourser qu'au moyen de retenues successives ne dépassant pas le dixième du montant des salaires exigibles.

Les acomptes sur un travail en cours ne sont pas considérés comme avances.

La nourriture jointe au salaire de la journée en est une augmentation; le Conseil en a fixé la valeur à 2 fr. 75 par jour pour en tenir lieu.

Les usages ci-dessus ont été établis d'un commun

accord par les soussignés conseillers prud'hommes de la 4ᵉ catégorie :

CRUVEILHER, chapelier, 117, boulevard de Sébastopol.

D'ISLE, fabricant de fleurs et plumes, 26, rue Notre-Dame-des-Victoires.

LAROCHE, fabricant de fleurs, 33, rue des Petites-Écuries.

MAGNIEN, chapelier, 5, rue de Lancry.

Conseillers prud'hommes patrons.

CHAROT, coupeur de poils.
DESHAYES, feuillagiste.
DIVALOIR, pelletier.
DURAFFORT, chapelier.

Conseillers prud'hommes ouvriers.

De l'introduction des affaires au Conseil des prud'hommes.

Lors d'un différend, quel qu'il soit, avec ses ouvriers ou ouvrières, le patron doit citer ceux-ci en conciliation devant le Conseil des tissus siégeant au Tribunal de commerce.

Lorsqu'il s'agit de délai-congé, cette citation doit être faite dans les quarante-huit heures.

Passé ce délai, le patron ou l'ouvrier perdent leur droit.

Ne sont justiciables des prud'hommes que les ouvriers ou ouvrières exerçant un métier manuel ; tous autres employés, tels que caissiers, commis aux écritures, garçons de magasin, etc., échappent à cette juridiction et doivent s'adresser aux tribunaux ordinaires.

___

Citation.

La citation est délivrée par le secrétaire du Conseil ; elle doit énoncer sommairement les motifs de la demande et être notifiée au domicile du défendeur.

Il y aura un jour au moins entre celui de la citation et le jour indiqué pour la comparution.

Lorsque le défendeur ne s'est présenté ni au Bureau particulier, ni au Bureau général, et pour éviter la cassation d'un jugement par défaut, il faut faire citer une troisième fois par huissier.

Pour les mineurs, la citation doit être faite au nom du père ; à son défaut, à celui du tuteur.

___

Pouvoir.

En cas d'absence ou de maladie, le Conseil admet de se faire représenter par un employé de votre maison muni d'un pouvoir sur papier timbré à 60 centimes et enregistré soit dans le bureau d'enregistrement de votre quartier, ou à celui du Tribunal de commerce, au droit de 3 fr. 75.

La femme mariée sous le régime de la communauté doit être autorisée par son mari et munie d'un pouvoir pour se présenter devant le Conseil.

Elle peut être entendue sans autorisation pour réclamer son salaire et consentir, s'il y a lieu, à des arrangements.

___

Imcompétence.

Elle doit être demandée *d'abord* devant le Bureau

particulier ; si le demandeur résiste et soutient la compétence, c'est le Bureau général qui aura à juger.

Les parties peuvent toujours en appeler devant le Tribunal de commerce sur cette question quelle que soit la somme demandée.

Demande reconventionnelle.
Taux de la compétence.

Elle doit être introduite d'abord devant le Bureau particulier, mais une demande reconventionnelle, uniquement fondée sur la demande principale, n'ayant point de cause antérieure à cette action et en dérivant exclusivement, n'en est que la suite et l'accessoire ; elle est sans influence sur la fixation du taux de la compétence qui se détermine par la quotité de la demande originaire, et les lois qui régissent la juridiction des Conseils de prud'hommes n'ont point dérogé à cette loi générale. Elle est rejetée par le Conseil.

(*Cour de cassation*, 17 *février* 1897.)

Bureau particulier ou de conciliation.

Il est composé de deux membres : un patron et un ouvrier, et présidé alternativement par l'un ou l'autre. Les audiences ont lieu les mardi, mercredi et samedi de chaque semaine, à partir de 2 heures de l'après-midi.

On doit, sur lettre du Secrétaire du Conseil, se présenter en personne devant le Bureau. En cas de défaut, qu'il y ait ou non condamnation, on devra payer les frais de déplacements qui sont de cinq francs pour les demandeurs, et trois francs pour les demanderesses.

Les affaires non conciliées sont renvoyées au Bureau général.

Bureau général ou de jugement.

Il est composé de sept membres : trois patrons, trois ouvriers, et d'un Président qui est alternativement soit un patron, soit un ouvrier.

Les audiences ont lieu tous les vendredis, à partir de 2 heures de l'après-midi.

Il juge en dernier ressort toutes les demandes qui n'excèdent pas deux cents francs en capital et à charge d'appel à quelque valeur que la demande puisse s'élever.

L'appel est porté devant le Tribunal de commerce.

Le Conseil n'admet pas les hommes d'affaires, mais on a le droit de se faire défendre par un avocat inscrit au tableau devant le Bureau général.

(*Cour de cassation*, 1er *avril* 1895.)

Témoins.

Ils doivent être cités au secrétariat du Conseil par les parties pour être entendus devant le Bureau général; ils doivent prêter serment.

Toutefois, les témoins qui refusent de comparaître ne sont pas passibles de l'amende ni de dommages et intérêts.

Au début de l'affaire, et sur les demandes des

parties, il sera alloué, aux témoins entendus, une somme équivalente à une journée de travail, même à une double journée si le témoin a été obligé de se faire remplacer dans sa profession.

Jugements.

Les jugements des Conseils de prud'hommes sont exécutoires immédiatement. L'exécution sans caution peut être ordonnée si la demande est inférieure à deux cents francs, et sous caution, si elle est supérieure et susceptible d'appel.

Les jugements par défaut qui n'ont pas été exécutés dans les six mois sont réputés non avenus.

Oppositions.

L'opposition à un jugement par défaut doit être formée dans les trois jours de la signification faite par l'huissier du Conseil; elle doit contenir les motifs sur lesquels elle est fondée, et assignation au premier jour de séance du Conseil.

Appel.

Sont sujets à l'appel les jugements sur une demande indéterminée ou excédant deux cents francs de capital, il n'est pas recevable après les deux mois de la signification du jugement.

Pourvoi en cassation.

Le pourvoi en cassation est applicable au jugement des Conseils de prud'hommes.

Cette question a été résolue par les arrêts de la

Cour suprême du 22 décembre 1852 et du 14 février 1883.

***

Le nouvel article 1780 du Code civil.

Cet article est complété et peut être modifié comme il suit par la loi du 27 décembre 1890, sur le contrat de louage :

Lorsqu'un patron veut se séparer sans motif grave d'un ouvrier ayant passé de longues années à son service, il est tenu, eu égard à cette circonstance de le prévenir plus longtemps à l'avance ; c'est-à-dire de lui accorder un délai proportionné à la durée de son séjour, sous peine de dommages-intérêts.

La fixation de l'indemnité, le cas échéant, est laissée à l'appréciation du Conseil qui tiendra compte des usages, de la nature des services, du temps écoulé, en un mot, de toutes les circonstances qui peuvent déterminer l'étendue du préjudice causé.

Les parties ne peuvent renoncer à l'avance au droit éventuel de demander des dommages-intérêts.

***

Certificat.

On ne peut refuser, sous aucun prétexte, un certificat à un ouvrier ou ouvrière qui le demande.

Il doit contenir la date de l'entrée et de la sortie, et l'emploi qu'il occupait dans la maison, sous peine de dommages-intérêts.

C'est à l'ouvrier ou ouvrière à faire légaliser la signature au secrétariat du commissaire de police de votre quartier où vous devez l'avoir déposée.

Contrat d'apprentissage.

Il peut être fait verbalement, mais il est préférable de le faire en partie double sous seing privé. Il contiendra :

1° Les nom, prénoms, âge, profession et domicile du maître ;

2° Les nom, prénoms, âge et domicile de l'apprenti ;

3° Les nom, prénoms, profession et domicile de ses père et mère, de son tuteur ou de la personne autorisée par les parents, et, à leur défaut, par le juge de paix ;

4° La date et la durée du contrat ;

5° Les conditions de logement, de nourriture, de prix, et toutes autres arrêtées entre les parties.

Il devra être signé par le maître et par les représentants de l'apprenti.

Les deux premiers mois de l'apprentissage sont considérés comme un temps d'essai, pendant lequel le contrat peut être annulé par la seule volonté de l'une des parties. Dans ce cas, aucune indemnité ne sera allouée à l'une ou l'autre partie, à moins de convention expresse.

Toute demande à fin d'exécution ou de résolution de contrat sera jugée par le Conseil des prud'hommes jugeant en premier ressort.

Pour de plus amples détails, consulter la loi du 4 mars 1851.

Police.

(Article 4 du décret du 3 Août 1810.)

Tout délit tendant à troubler l'ordre et la discipline de l'atelier, tout manquement grave des ouvriers, contremaîtres, chefs d'atelier et des apprentis envers leurs maîtres, pourront être punis par les Prud'hommes d'un emprisonnement qui n'excédera pas trois jours, sans préjudice des poursuites du ministère public.

On doit considérer comme tendant à troubler l'ordre et la discipline de l'atelier, l'insubordination, les paroles grossières, les injures, etc., lors même que ces faits ne constitueraient pas une contravention de police prévue par le Code pénal.

La compétence du Conseil des prud'hommes ne comprend que ce qui intéresse l'ordre ou la discipline de l'atelier ; tous les autres faits répréhensibles sont justiciables des tribunaux correctionnels, criminels ou de simple police.

Élections.

Sont électeurs : Les patrons âgés de 25 ans accomplis et patentés depuis cinq ans au moins, et depuis trois ans dans la circonscription du Conseil ; les associés en nom collectif patentés ou non âgés de 25 ans accomplis, exerçant depuis cinq ans une profession assujettie à la contribution des patentes, et domiciliés depuis trois ans dans la circonscription du Conseil.

Les étrangers ne peuvent être électeurs.

A moins d'un renouvellement intégral du Conseil, les élections ont lieu tous les trois ans par moitié.

Les prochaines élections auront lieu vers la fin de l'année 1899.

Ces élections sont précédées de la revision des listes électorales quelques mois avant, après avis préalable par voie d'affiche.

Les électeurs se feront inscrire à la mairie de leur arrondissement.

Frais.

Les parties pourront toujours se présenter volontairement devant les prud'hommes pour être conciliées par eux. Dans ce cas, elles seront tenues de déclarer qu'elles demandent leurs bons offices. Cette déclaration sera signée par elles. Il ne sera rien payé pour cet objet.

```
1ᵉ¹ lettre. Bureau particulier, conciliation . .      » 30
2ᵉ       —        —     général, » 30; affranchisse-
                        ment, » 15. . . . . . . .      » 45
Lettre pour chaque témoin. . . . . . . . .            » 30
Grosse du jugement, » 40 par feuille de rôle.
Pouvoir papier timbré, » 60 ; enregistrement,
    3 75 . . . . .  . . . . . . . . . . . .            4 35
Citation par huissier, pour Paris, une copie .        1 70
Le coût de la citation peut varier suivant le
    nombre de copies et les distances.
Avance à l'huissier pour commencement d'exé-
    cution des jugements . . . . .  de 5  » à  15  »
```

Le secrétariat est ouvert tous les jours, de 9 heures du matin à 4 heures du soir.

TABLE

PARIS. — IMPRIMERIE EDOUARD DURUY

22, RUE DUSSOUBS, 22

IMPRIMERIE EDOUARD DUBUC DESSOLES